Wolfgang M. Ullmann

Die Spur der Gedanken

Über das Buch:
„Lyrik trägt mich sanft auf Gedankenflügeln in mein tiefstes, wahres Ich."

Die Spur der Gedanken führt in alle Bereiche des Lebens und nistet sich länger oder kürzer in ihnen ein. Sie lässt sich nicht aussperren und findet jeden, ob wir es bewusst wahrnehmen oder nur gelegentlich spüren, dass etwas um uns ist.

Die Spur der Gedanken ist nicht ausschließlich ein persönliches Konstrukt, sondern möchte Anstoß geben, eine neue, ganz individuelle Spur zu legen und Lyrik in ihren vielfältigen Ausprägungen erfahrbar zu machen. Eine Gedankenreise der besonderen Art.

Über den Autor:

Wolfgang M. Ullmann lebt und arbeitet im süddeutschen Raum. Im späten Jugendalter entdeckte er seine Liebe zur Lyrik und widmete sich den unterschiedlichen Stil- und Ausdrucksformen.

Inspiriert durch die Bildhaftigkeit und die Wirkung der deutschen Sprache, die er mit seinen Fotografien verstärkt, nimmt er diese Begeisterung auch in die Prosa mit hinein.

Seine berufliche Tätigkeit neben dem Schreiben lässt ihn mit den psychologischen und soziologischen Phänomenen von Menschen in starke Berührung kommen, um menschliches Bestreben zu erfassen und nach dem jeweiligen „Wahren und Sinnhaften" zu forschen.

Die Spur der Gedanken

Gedanken, Gedichte und Fotografien

Books on Demand GmbH, Norderstedt

© 2012 Wolfgang M. Ullmann
Copyright Titelfoto & alle übrigen Fotografien Wolfgang M. Ullmann
1. Auflage © 2003
Herstellung und Verlag: Books on Demand GmbH, Norderstedt
Bibliographische Information der Deutschen Nationalbibliothek
Die Deutsche Nationalbibliothek verzeichnet diese Publikation in der
Deutschen Nationalbibliografie; detaillierte bibliographische Daten sind
im Internet über http//dnb.d-nb.de abrufbar.
ISBN: 978-3-8370-4688-5

Für meine Eltern,
in Dankbarkeit

Vorwort

Manchmal habe ich schon gehört, dass gesagt wurde, Lyrik sei ein Auslaufprodukt, welches niemanden mehr interessiert. So eine Aussage lässt mich natürlich nachdenklich werden. Das Fazit meiner Überlegungen jedoch fällt gegenüber dieser These anders aus.

Ich bin der Überzeugung, dass Lyrik mehr denn je gefragt und en vogue ist. Die Lyrik, mit ihren vielfältigen Erscheinungs- und Ausdrucksformen, begleitet uns ständig und ist überall wieder zu finden. Dabei spreche ich nicht nur von Liedtexten, sondern von den Geschichten, die die Menschen heute verfassen und die wir zu lesen bekommen.

Lassen Sie sich nicht verunsichern, wenn Sie heute vielleicht konkrete lyrische Stilmittel oder Versmaße vermissen. Lyrik geht mit der Zeit, sie entwickelt sich und wenn man sie als solche gar nicht mehr bezeichnen möchte, ist sie dennoch zu spüren.

Sie spricht aus den Worten und zwischen den Zeilen. Immer noch und unaufhörlich. Und ganz ehrlich gesagt, gäbe es heute keine Lyrik mehr, wären wir um einiges ärmer an Hoffnung, Liebe und Zuversicht sowie der Wärme, die die Lyrik selbst bei manch schmerzvollem Thema bereithält.

Ich lade Sie ein, sich ein wenig Zeit zu nehmen, Lyrik zu entdecken und sich von ihr zu Ihrem tiefsten, wahren Ich tragen zu lassen.

Ihr Wolfgang M. Ullmann

Das Erwachen

Des Dunkels tiefen Sog entrissen,
der Stille Einhalt gewährt,
haschen grell, laute Blitze
zum grau, mageren Geflecht am
wohl getränkten Boden.

Das Licht

Der feuchte Atem des Wassers,
zieht durch das dürre Geäst
schon fast wehmütig hinweg.

Der Tod

Wie reglos er alles gestalten ließ,
ist bezwungen vom erwachenden Treiben
des aufgekommenen Trubels,
und hereinbricht

Das Leben.

Wandern im nächtlichen Wald

Du wanderst in der dunklen Nacht.
Weitab vom zivilisierten Leben
hast du dich in einen Wald begeben,
von rührigen Tieren sorgfältig bewacht.

Unerwartet in die Dunkelheit geraten,
schleichst du bang durch knarrendes Gestrüpp,
am Boden zu Reisig gedrückt,
um den Eindringling zutiefst erkenntlich zu verraten.

Der Schreck von allen unergründlichen Geräuschen
durchzieht den Körper mit Geschauder,
das ringsum lebendig aufsteigende Geplauder.
Auch wenn Verstand und Sinn dich noch so täuschen.

Den hoch emporgestiegenen Schleier,
den Furcht und Kälte dir auferlag
willst du besiegen und er verbarg
das Zittern – hoffend auf den rettenden Befreier.

Der Mond mit seinem Licht doch Dickicht durchbricht,
weist dir nun den sicheren Weg.
Aus der Nacht unheimlichem Steg
teilen sich Äste und Bäume beständig licht.

Befreit aus diesem schrecklichen Gefängnis,
gibt der Wald dich wohlbehalten
und als seiner selbst gehalten,
frei in eine Welt ohne jegliche Bedrängnis.

In einer Lichtung

In einer Lichtung ruhig gelegen –
vom dichten Wald wunderbar geborgen,
fühlen sie sich sicher.
Kleine getrübte Wogen schlagen gegen das leicht
befestigte Ufer,
von welchem sie hineingesogen werden.
Und mit schwachen Kämpfen verteidigen sie das,
was sie Ihres nennen.
Der laue Frühlingszephir berührt sanft
die Oberfläche ihres verfärbten Elements.
Aufgescheucht von Eindringlingen,
versucht ein jeder gerade diese zu umringen.
Danach nur noch vom Wunsch geleitet,
nach dem kräftigen Mahl zufrieden
in der Sonne zu liegen
und das sorgenfreie Dasein zu genießen.

Wenn ich träume,

fließt die Zeit an mir vorbei.
Kein Lärm kann mich dann stören.
Ich sammle Kraft für Bevorstehendes.

Dann merke ich –
eines macht mich glücklich.

Ich weiß,
dass ich nicht alleine bin
und du mich nicht alleine lässt.

Schenken

Du schenkst aus freiem Herzen,
einem Menschen, den du liebst,
so manch kleine Freundlichkeit,
um Freude ihm und dir zugleich
zukommen zu lassen.

Denn so manch großes Ereignis,
ist gemeinsam erst es wert,
es ereignen sich zu lassen.

Sehnsüchte

Uneingeschränkt zu wandern,
wohin die Füße einen tragen.
Die Natur zu entdecken
und die Stadt gründlich kennen zu lernen.

Den Wunsch aufrecht zu erhalten,
seiner selbst zu sein
und sich frei entfalten zu dürfen.
Seine Rechte geltend zu machen
und uneingeengt zu leben.

Doch mit der tiefen Angst in seinen Augen,
all dies für immer verloren zu haben,
verrät er mir,
wie sehr er sie geliebt hat.

Träumen

Die Füße auf dem Schreibtisch ausgestreckt,
die Ohren geöffnet für ruhige, sanfte Musik.
So sitze ich nun da
und lasse alle Gedanken in mir zusammenkommen.
Und ohne jegliches ersichtliches Ende
fliehen diese aus meinem Kopf,
um letztlich dorthin zurückzukehren.
Von leichter Melancholie erfasst,
setze ich diese Worte in die Zeilen.
Doch bevor der Schwermut allzu sehr
in mir Fuß fassen kann,
entfliehe ich mit jenen Gedanken
in die ferne Freiheit,
die mich ruft und unendlich glücklich macht.
Der dortige Sonnenschein
und das satte Grün der Pflanzen
lassen mich zu Boden sinken,
dem blauen, gezähmten Meer entgegenschauen.
Glücklich bin ich
und hoffe es zu bleiben,
um alle in dieses Glück hineinzuziehen.

Morgens

Schon selten erwacht
durch derartiges Gezwitscher,
welches die Gemächer
nach und nach durchkämmt,
liegt man lauschend auf dem Bett.

Ein Recken und Strecken
der ausgeruhten Glieder
folgt dem munteren Sprung
von der heiß geliebten Ruhestelle.

Von der Gier veranlasst,
mehr von diesem Schauspiel zu erhaschen,
werden die Fenster aufgerissen
und mit den Händen
am Kinn aufgestützt beginnt man,
dem Tag freudig entgegenzusehen.

Namenlos

Ich schlage die Augen auf
und um mich herum wird alles erhellt.
Habe ich geschlafen oder nur geträumt?
Wo bin ich?
Sollte ich dieses Umfeld kennen?
Die fremden Menschen, die wirr umherlaufen –
diese schrillen, unerklärbaren Geräusche –
kannte ich sie oder mochte ich sie sogar?
Verzweiflung regt sich.
Was mache ich hier?
Anonym, wie die anderen um mich herum,
stehe ich hier mit dem Wunsch,
schnellstmöglich der Situation entkommen zu können.
Angesprochen nach meinem Namen,
durchzieht ein tiefer Blitz meinen Körper
und leer aus den Augenhöhlen herausstarrend,
kann ich auf diese Frage keine Antwort finden.
Das einzige,
was mich als Individuum erscheinen ließ,
ist hiermit von mir gegangen.
Aus Angst und Verzweiflung
renne ich durch die fremde Stadt,
vorbei an fahlen Hausfassaden
und beschäftigten Leuten mit starren Mienen.
Und suche und suche
mich.

Tragödie einer Liebe

Der Liebe einst abgeschworen
waren derartige Gefühle längst hart gefroren –
verdrängt und in die Ecke gestellt,
reglos, wie ein Toter entstellt.

Doch plötzlich zum Leben erwacht,
hat ein Tag das Erwachen gebracht –
als ich sie zum ersten Mal sah –
wie wundervoll es doch geschah.

Die Kälte, die aus mir wich,
veränderte ins Tiefste mich.
Scheu und Angst waren überwunden
und die Liebe war endlich gefunden.

Ihre Gestalt und ihr Wesen –
wenn sie doch schon eher wär' gewesen –
ist einzig bis jetzt geblieben.
Meine Liebe hat mich täglich zu ihr getrieben.

Allein ein Blick in ihre Augen,
machte mich hoffnungsvoll glauben,
diesen Blick nie mehr zu missen
und sie mir für keine Sekunde entrissen.

Die gemeinsam verbrachte Zeit mit ihr,
veranlasste in mir die Gier,
sie immer öfters zu sehen,
damit die Stunden nicht sinnlos vergehen.

Kein Meer zu ihr war zu weit,
kein Bach zu durchschreiten zu breit.
Kein Fluss war zu tief,
wenn nur sie nach mir rief.

Kein Weg zu ihr war zu lang,
wenn die Sehnsucht mich zu ihr drang.
Die wildesten Pfade nahm ich mühelos hin,
denn nur sie war mir im Sinn.

Kein Gebirge war zu erklimmen zu steil,
den Gipfel erreicht mit dem Seil,
nur um sie zu sehen
und den Abstieg mit ihr zu begehen.

Des Labyrinths Tücken überwunden
und den richtigen Gang schnell gefunden,
traf ich sie bald darauf im Ziel,
als sie mir noch überglücklich in die Arme fiel.

Ihr Anblick ließ alles um sie ermatten,
sie stand im Licht eines großen Schattens,
der weit das Umfeld umsäumte,
wenn ich so von ihr träumte.

Wir gingen spazieren im Mondenschein,
hinein in den nächtlichen Hain,
um die Stille zu genießen,
die nur dort ward so gepriesen.

Wir lachten und wir sangen
und die Wochen, die vergangen,
verrauschten wie im Flug –
wie ich sie auf Händen trug!

Ich dachte, diese Zeit würde nie vergehen –
meine Gedanken würden sich nur um sie drehen.
Ich wollte so gern mein Leben mit ihr verbringen,
aber dies sollte wohl nicht gelingen.

Einige Tage – wie lang war es her?
Ich vermisste sie hier so sehr.
Ihre Gefühle zu mir kamen abhanden,
wie selbst Freunde es fanden.

Sie ist einfach wortlos gegangen –
ich hätte sie so gern wieder gefangen,
aber ihre Liebe zu mir verblasste.
Oh, wie ich sie dafür hasste.

Die Luftschlösser verfielen.
Wie konnte sie nur so mit mir spielen?
Mein Glück war verschwunden,
ich selbst wieder an den grauen Alltag gebunden.

Nach langer Zeit war ich nun wieder allein
und die Tage vergingen nur schmerzlich daheim.
Ich dachte nie mehr glücklich zu werden,
ohne mein Leben bedrohlich zu gefährden.

Schließlich konnte er es nicht mehr ertragen
und alsbald lag er in einem dunklen Wagen.
Da er sah sein Ende gekommen,
hat er sich kurzerhand sein Leben genommen.

Kann man es erklären?

Nun sitze ich hier – stehend in der Sonne,
Schweißperlen rinnen rauf die Stirn,
kurz geärmelt friert es mich.

Ganz in der Stille poltert mir entgegen,
eine alte Zahnradbahn
den steilen Berg entlang.
Unten stehe ich
und sehe weit rein in das Tal,
das in unendlicher Weite,
ich zu Fuß begehen kann.

Da schlendere ich nun laufend
in den nächsten Park hinaus,
um die Bäume, die da grünen,
ohne Laub und Blatt zu sehen.
Wachend, sehe ich mich schlafend,
auf der Bank dort,
die hier steht, mich daniedersetzen,
standhaft in die Träume gehen.

Hast verwirrt mir meine Sinne,
ist`s doch wunderbar zu fühlen.

Ohne Namen

Wenn ich aus dem Fenster starre
und die Erde gleich dem Himmel scheint,
sehe ich des Grau Gebilde so bizarre,
das mir Gedanken so zu trüben meint.

Doch nicht länger kann es mich belasten;
und der Sonne Kraft doch siegen mag.
ich werde augenblicklich nicht mehr rasten,
mit allen Mitteln ändern diesen Tag.

Durch des Nebels Grau muss ich waten,
um in Ferne meine Träume zu erlangen.
Durch ein Labyrinth von Straßen muss ich traben,
um Sehnsucht der fiktiven Wirklichkeit zu fangen.

Auf diesen Wegen wird mich keine Hürde sperren.
Kann ich die Richtung doch verfehlen?
Werden Willenskräfte sich auch nicht entleeren?
Ein Gedanke – gestorben? Doch gelebt von tausend Seelen.

Wetterspiele

Es scheint, als käme der Sommer.
Spuren sieht man hier und dort –
wenn auch nur vereinzelt.

Noch verhüllt das graue Wolkenkleid
unerlässlich tiefes Blau,
welches freudig auf die Erde blicken will;
sobald soll sich neues Leben tummeln,
in glanzvoller Natur.

Doch gilt es noch, Geduld zu wahren,
bis dieses Bild – von Wirklichkeit ersetzt –
den Traum zum Leben erwecken lässt.

Wenn ich liebe

Wenn ich liebe,
dann steht die Welt in ihrer
ganzen Pracht mir offen.

Wenn ich hasse,
schau ich finster
auf das, was mir noch bleibt.

Wenn ich lache,
dann öffne ich meinen Horizont,
gib meiner Seele reichlich Luft.

Doch wenn ich weine,
senkt sich still mein Blick –
spucke aus, was schwer mich drückt.

Wenn ich lebe, mit allem was ich bin,
dann gebe ich Farben noch mehr Licht
und glänze wie ein Stern,
reihe mich ein in eine Welt voll Pracht.

Brach

Was einst als ach so wichtig galt,
gilt schon lange nicht mehr so.
Neue Blickwinkel werden versucht.
Der Kopf schaut in Richtung neuer Horizonte;
so denkt man, doch was weiß man schon.
Soll es wirklich anders sein,
fand man wirklich
reich bedecktes neues Land?
Der Fund war gut,
doch natürlich übersah man,
das Zugedeckte hervorzuholen.
Es liegt brach,
nun nicht imstande,
reiche Frucht zu bringen.

Hände

Sie klopfen dir zart auf die Schultern
und schütteln dich wild,
wenn sie es wollen.
So scheinen sie, nicht berechenbar zu sein.
Sie können fühlend und liebkosend sein,
doch auch kalt und voller Härte.
Sie sprechen nichts,
aber sagen dennoch alles,
sprechen ganz auf ihre Weise.
Sie krümmen und entfalten sich,
beteuernd ihren Sinn,
sagen, wer du vielleicht bist.
Sie sprechen von dir über dich,
auch wenn du es gar nicht willst.
Du kannst dich vor ihnen nicht verstellen,
denn sie kennen ihren Geist.
Lass' sie dich einfach frei entfalten.
Lass' sie dich allein
nur zeigen.

Albtraum

Haare hängen wirr ins Gesicht hinab
Die Stirn in Falten gelegt.
Die Augen geschlossen gehalten in grauen Höhlen.
Doch den Mund weit aufgerissen,
als wollte er etwas mitteilen.
Leere Worte und zusammenhangslose Sätze
verirren sich in der dunklen Umgebung.
Doch den Schlüssel zum Schloss zu finden
gelingt wohl Gleichgesinnten,
die wild gestikulierend, diese Wortbruchteile
aufzunehmen versuchen.
Wo die Wellen gegen den Strand schlagen
und die Gischt aufschäumt,
da gieren sie,
die Gewalten zu benutzen
und deren Schönheit zu verleumden.
Der Schrei von Tod und Dunkel –
die Angst, dem nicht entfliehen zu können,
wie Insekten in den Netzen ihrer Mörder.
Von einem Strudel erfasst
und hineingesogen in die Tiefe,
um reglos am Grunde zu verharren,
in Zimmermanns Werken den Verfall zu sehen.

Doch dem Traum sei ein Ende gesetzt,
denn der Morgen bricht herein,
bringt dem Leben neues Licht.

Der Sturm

Sehe den Sturm, den du verjagt
oder die See, die du besänftigt hast.
Die Blutspur auf dem Wasser gezogen,
von des nachts furchtbaren Kampf.
Gewalten, die duellierten;
Elemente, die verborgen,
den Reiz des Spektakels erkannten.
Sonne, erhelle du den Tag,
bringe Licht in diese grausamen Spiele,
bei denen schon manche Begeisterte
ihr Leben gaben.
Die Natur zu testen und stärker zu sein;
was dürfte verderblicher sein?
Verrückte Geschöpfe zur Gier gebracht,
kein Ablassen von dem in die Wege gebracht.
Doch nicht geachtet der großen Courage,
das Schauspiel der letzten Szene trotzt
und das Verderben herbringt,
den Tod und die Ruh'.
Das Blut auf dem Wasser,
welch' grausame Schattur.

Die Liebe

ist wie eine Traube,
die wachsen – reifen muss,
gegoren wird
und langsam zu süßem,
vollmundigem Wein gedeiht.

Nachtmomente

Sitzend auf der Fensterbank,
dringt die laue, dunkle Nacht auf mich herab.
Ein Strudel von unterschiedlichsten Geräuschen
zieht mich in seinen Bann,
und die Verschwörung gegen jegliche Mutation
der gegenwärtigen Verhältnisse nimmt ihren Lauf.

Fern am schwarzen, weit umschützenden Mantel
wird die Erde von hell strahlenden Gestirnen,
nur noch stellenweise wie gesiebt erhellt.

Ein weit abwesender Blick,
in das ringsum schlaftrunken werdende Umfeld
nimmt mit meinen stetig schmäler werdenden Augen
diese nur noch bruchteilig in sich auf.

Gedanken wie Verbundenheit, Freundschaft und Liebe
kommen wieder zum Vorschein,
gelangen aber alle wieder neu für sich zur Geltung.

Mit dem Lauschen nach dem Zirpen der Grillen
und dem Quaken der Wasserfrösche,
schließt dieser Tag seine Pforten,
unterbricht schließlich den Strom der Gedanken,
die gleich an einen Staudamm gebunden
den Weiterfluss erwarten.

In die Nacht

Mein Herz ist schwer –
beladen mit allzu vielem Ballast.
Meine Seele schreit aus mir heraus
und ändert dennoch nichts an dem Schmerz.
Die Zeit – so heißt es – heilt die Wunden.
So auch diese?

Ja bitte, das ist meine einzige Hoffnung.
Trennung dieser Art darf nicht mehr sein.
Man darf den Lebensantrieb nicht entreißen,
auch für Tage nicht.

Zeit, heile diese Wunde,
dass viel schöner als zuvor,
alles sich zu einem füge.
Dies erbitte ich so von dir.
Sie soll verheilen bis auf ewig.

Ich liebe dich so sehr!

Suchen – Finden

Ich gehe oft abendlich
durch die verwaisten Straßen,
um die Stille dort zu suchen,
die ich untertags nicht finde.

Aber eine Garantie dafür erhalte ich nicht.
Doch in der Suche finde ich mich.

Umbruch

Stein auf Stein – reiß alles nieder,
gleich dem Boden soll es sein.
Spitze Hacken, dringet tief,
um sie weiter zu verletzen.
Stille!
Hörst du nicht das Wehgeschrei?
Von wegen Stille –
die ist jetzt vorbei.
Vorüber geht die Ordnung –
getrennt, was emsig war.
Stille!
Hört man dort nicht Hoffnung?
Ist es doch nur Weggeschrei.

Unaufhörlich geht es.
Das Gemäuer, das muss fallen.
Neue, sagt man, sie ersetzen –
frischer Geist in ihnen wehen.

Muss man dies erzwingen,
unbarmherzig vor sich gehen?

Die Alten fliehen vor Entsetzen;
große Hände fassen sie
und tragen fort die letzten Reste.
Stolz von dannen ziehen sie.

Doch stark gebrochen sind sie schon,
als sie davongetragen, weithin in die Ferne.
Nichts um – was hilft Jammer und Geschrei?

Besser soll das Neue werden
und der Geist der alten Geister
dort im Staube sich verstreuen.

Und die Neuen bringt herein,
fleißig Mörtel und Gestein.

Liebe

Oft besungen und erwähnt,

bleibt sie doch an ihrer oberen Hülle.

Lieben – ein Gefühl, nicht zu beschreiben.

lieben – nur ohne Worte,

wissen in dem Moment die zwei,

die sich vereinen,

was Liebe wirklich ist.

Doch nur mit Liebe lässt sich wahrlich lieben.

Für solch ein Gut hab' reichlich Dank.

Ein Leben

Die Zeit verrinnt
und bevor man sich besinnt,
weswegen es geschehe,
dass man diese Welt begehe,
geht ein irdisch Leben 'rum.

Greif' dich selbst aus dem Gewühle,
geh' hinein in die deinigen Gefühle,
schließ' die Augen fest und tief,
höre nun, was die Seele dir längst rief,
und folge deinem Weg.

Schau dich an!

Siehst du deine Grenzen?
Dein Besitz,
ein Körper aus Fleisch und Blut,
wohl gewachsen und geformt.
Hast auch dein Eigenes dazugegeben –
überziehst die Knochen hier und dort
mit Muskelfleisch,
um einem Ideal zu entsprechen.
Doch da, wo der Körper stark begrenzt,
da ist der Geist um vieles freier –
stürmt die Weiten,
tummelt sich in anderen Welten
und lernt in jeder neu hinzu.
Darum nütze solch eine Gabe,
lege dich nie zur Ruh'.
Denn zu kurz ist eines Lebens Dauer,
dass nur auf Äußerliches man sich beschränkt.
Zu viel zu lernen gibt es auf dieser Welt,
als dass in einem Leben
es erkannt und verstanden würde –
reichten nicht einmal zwei oder drei.
Trotzdem strebe doch danach,
um nicht mit zu wenigem beschränkt
zu leben.

An den Mond

In seiner vollen Pracht strahlt er zu mir herunter.
Langsam beruhigt er Geist und Körper,
die seit langem nicht mehr ruhten.
Sein Schein bricht unter dunklen Wolken hervor,
erhellt den Hof um sich herum
und steht im Zentrum eines großen Kranzes.
Mit solchen Spielen vertreibt er sich die Zeit
und bringt so jenen in seinen Bann,
der nach ihm schaut
und seine Gedanken in Wallung geraten lässt.
War es nicht er,
der mich schon einmal fing?
Ihm verdanke ich die Minuten in der Nacht,
als ich glücklich in die Gegend sah
und frei von jeder Sorge an ihn dachte.
So wiederholt er es heute wieder
und an jedem Tag,
an dem ich fest daran denke,
dass er mir diese Glücklichkeit
für immer bei sich aufbewahrt.

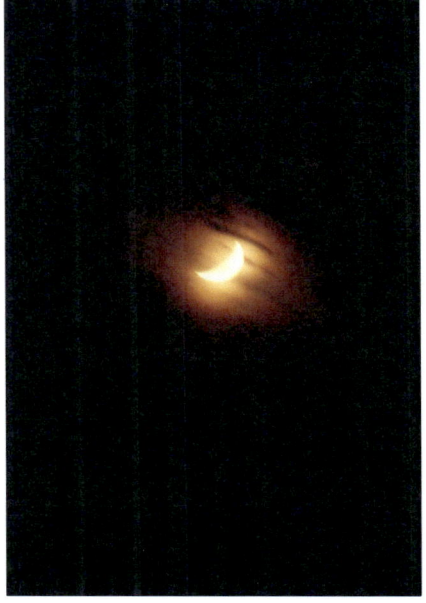

Ohne den Trost des Baumes

Seit Jahren gewachsen und gefestigt,
hat er Stürmen und Unwettern Stand gehalten;
entgegen den Meinungen anderer, ist er wohl berechtigt,
sich auf dieser Wiese weiter zu entfalten.

Vögeln gewährt er Unterkunft in seiner Krone,
kühlen Schatten spendet er bei unerträglicher Hitze;
Trost gibt er, ohne dass ich ihn belohne,
wenn ich bei ihm alltäglich sitze.

Still und geduldig hört er mir zu;
meine innigsten Anliegen trage ich vor ihn hin
und zufrieden liege ich bei ihm in Ruh';
angeregt zu neuen Gedanken; oh, wie glücklich ich bin.

Seit Jahrzehnten gewachsen und gefestigt,
besuchte ich ihn in meiner Jugend Tag um Tag,
doch um weiterzuleben, war er nicht mehr berechtigt,
als er eines Tages plötzlich zu meinen Füßen lag.

Dein Weg

Wie ein Baum nur langsam
Jahr für Jahr wächst,
sich an den Wurzeln festigt
und am Stamm,
bringt jedes neue Jahr in deinem Leben
Erfahrung, die dich festigt und lehrt.
Erfahrung, die dich stark macht,
dass du wegen fremden Einflüssen den Halt
nicht verlierst und auf einen falschen Weg
geführt wirst.
Suche deinen Weg,
der dich aus dem Dickicht zur Sonne führt;
nicht, um andere zu überragen,
sondern damit du nicht nach kurzer Zeit
im Gemenge untergehst
und deine Richtung verlierst,
die du brauchst,
um leben zu können.

Nachtgedanke

Nur der Kerze Licht
wacht noch neben mir.
Soll deine Wärme mich erreichen,
zu üppig Schlaf zugleich gereichen
und Träume
sich drängen nur von dir.

Die Suche

Auf hoher See verbannt –
ausgesetzt an einsamen Küsten.
Die Zeit verrinnt wie der Sand in seiner Uhr,
nur sehr mühevoll und langsam.
Eine Nebelbank durchzieht das fröstelnde Gemüt.
Die Gedanken sind gelähmt
von der angebrochenen Angst vor dem Untergang.
Wird das Unglück noch abzuwenden sein
oder wird der Schiffbruch unvermeidlich
hingenommen werden müssen?
Die Hilferufe des Verzweifelten hallen
lauter und lauter.
Die Nacht muss vertrieben werden,
der Sturm verjagt.
Mit der aufsteigenden Sonne,
sehe ich am Horizont denjenigen,
den ich schon seit langem suche.
Ist er bereit,
den langen Weg gemeinsam mit mir zu begehen?
Ich brauche ihn
und er braucht mich – so hoffe ich,
um nach dem wahren Lebensweg zu forschen.

Geborgen

Der Tag ist angebrochen
und wenig Schlaf gefunden zu haben,
zwinge ich mich,
gegen einen starken Widerwillen,
endlich vom Bett aufzustehen.
Alles erlebe ich teilnahmslos
und ohne auch nur einmal gelächelt zu haben,
ist der Tag weit in seine Abendstunden vorgerückt.
Mit erröteten und Tränen gefüllten Augen,
sitze ich schlaff
und scheinbar völlig mit den Nerven
zu Boden gerissen, alleine in einem Sessel.
Doch dann,
denke ich auf einmal vollkommen klar
und es wird mir bewusst,
wie belanglos mein Tief im Grunde ist,
da ich mich sicher geborgen
in Gottes Hand fühlen kann.
Augenblicklich geht es mir gut
und ich will versuchen,
mein Leben zukünftig danach auszurichten.

Pompeji

Zur Ruhe wirst du niemals kommen.
Wieder bist du nun erwacht,
aus Asche, Staub und Stein.
Streckst stolz die Mauern aus der Erde,
nur dein Glanz, der ist verblichen.
Dennoch spüre ich all das Leben,
das auf Straßen, Häusern, Plätzen
sich einst regte;
sehe die Spuren, die bis heut' geblieben.
Hier die begangenen Wege,
dort die Stufen im Theater;
auch das Schwitzen in den Thermen
und das Treiben in den Gärten.
Unerwartet und zu schnell wurde das
von dir genommen.
War denn deine Zeit schon wirklich um?
Stumm und leer lagst du für Zeiten,
vergessen warst du nie
und nun, halte deinen Ruhm.

Warten

Am Abend sitze ich wach,
in der Hoffnung, du gibst auf dich Acht.

Die Stunden vergehen, nur die Tage nicht.
Nun merke ich mit der Zeit,

dass mir alles fehlt –
ich brauche dich.

Heimweh

Wo die Pinien in die Lüfte ragen
und die Sonne steht so hoch,
da verdurstet karg die Erden,
Staub hernieder von den Bergen hoch.

Lebens Grün, dich such' ich hier.
Mögen Tränen zu dir finden.
Die Einsamkeit erscheint nun blass zu mir –
pastellene Härten, die mich binden.

Heim, dort wo die Hoffnung blüht,
wo du bei mir bist
und die Liebe zu dir glüht;
zart von dir geküsst.

Dort wird meine Seele wieder grünen,
Tränen quellen nur aus Freude.
Unser Lachen wird man weithin hören,
wenn es doch schon wäre heute.

Tagesende

Hat die Nacht schon Einzug gehalten,
nach einem schönen Wintertag;
lasse ihn hinaus, wie ich es mag,
lasse ihn gehen, gar nicht erst halten.

Danke.

Gedanken treten nun hervor,
gespeist von allem Erlebten,
Resultate aus Angestrebten
und was man schließlich doch verlor.

Alltagsleben gehen,
eingebunden in dies und das,
was man studiert' und las;
soll man es so sehen?

Hör' ich etwa Klagen?
Kann eigentlich nicht sein,
ist doch bloß äußerer Schein.
Dennoch will ich eines wagen.

Danke für diesen Tag;
was ich erlebt, war wunderschön,
seh's aus geistigen Höhen,
nehm' noch auf, was ich so mag.

Zum Geburtstag

Zum Geburtstag will ich dir schreiben,
dir sagen: Ich denke an dich.
Dein neues Jahr nimmt seinen Lauf
und nimmt dich mit zu unbekannten Ufern,
an denen du Tag um Tag Strandgut findest
und darin verborgen, ungeahnte Abenteuer.
Das letzte Jahr bist du durchgegangen
in Freuden und in Leid,
doch hast du es verstanden,
das Strandgut wunderbar an Land zu ziehen.
Der Ozean ist weit
und was er in sich birgt, ist allen verborgen.
Doch gehe voller Zuversicht in dieses Jahr,
denn viel Glück und Freude ist dir zugedacht.
Sollten dich dennoch Angst und Schrecken quälen,
möchte ich in deiner Nähe sein,
um dir ausnahmslos beizustehen.

Heute

Heute will ich es wagen, gerade an diesem Tag;
komme zu dir und lege dir dieses kleine Röslein
hier zu Füßen.
Es ist noch früh und niemand sieht, wer ich denn bin.
Dürft' ich nach diesem Stern nur greifen,
wäre mein Glück unsagbar groß.
Du Schönste unter all den Sternen,
nimm mein Röslein bitte an.
Auch wenn ich dich niemals erreiche,
möchte ich nur einmal davon träumen.

Gegenwart

Exzentrisch entrückt,
und vor allem auch verrückt.
Der Projektion ist keine Grenze gesetzt.
Hier und dort, gemischt – gemengt,
Träume, an die niemand denkt.
Ungebündelt – ungefiltert
jagen kognitive Blitze,
menschlich verwerfliches Tun.
Ohne Schranken und Barrieren,
dringt ohnmächtiger Nihilismus
erst links, dann rechts
und folglich überall hinein.
Abwehrkraft und Immunsystem
laborieren gegen eine ach so weiße Macht,
oft erfolglos,
doch das letzte Wort ist noch nicht gesprochen.

Mondnächte

Lange schon erwünscht,
hat die Stille eingesetzt.
Hektik, Trubel hat die Nacht verschlungen.
Alsbald hat sich das ganze Haus,
den Mühen des Tages unterlegen, zur Ruhe begeben.
Die Wärme ist verdrängt
und Frost schlägt sich leicht an den Fenstern nieder.
Doch die Nacht ist klar,
der Lichtstrahl des Mondes dringt so in mein
Zimmer.
Anmutig ist seine Erscheinung,
wie er im vollen Zirkel zu erblicken ist.
Je länger die verträumten Blicke,
desto größer wächst das Verlangen, zu ihm zu gelangen.
Das Licht, das er gesendet, zu fangen,
ins Gedächtnis zu absorbieren
und diese einzigartige Stimmung in sich
zu behalten,
dass das Licht nicht erlischt,
bis der nächste Tag sich neigt,
um dieser Stimmung wieder beizuwohnen.

Höchstes Gut

Lass dich auf sanften Schwingen tragen,
schwimm' in diesem hohen Meer,
genieß' die Leichtigkeit des Lebens.
Welche Leichtigkeit wirst du mich fragen.
Die der Seele werd' ich dir zur Antwort geben.
Sie ist unser höchstes Gut.
Sie macht uns frei von allem
körperlichen Unbehagen;
zu ihr kannst du dich beruhigt daniederlegen.
Hast du mit ihr den Überblick,
bist ein Ganzes grad mit ihr,
kannst du Soma bald regieren.
Das ist vielleicht der eine Trick.

Gebet

Ich wandere durch finstere Straßen,
alles liegt ruhig und friedlich vor mir.
Herr,
ich danke dir, dass ich hier gehen darf.
Ich sehe den an Rundung gewinnenden Mond.
Längst schon ist es nicht mehr er allein,
der mir die Dunkelheit erleuchtet.
Fortschritt – Zivilisation schenkte dieser Stadt
Lampen in wohlgeordneten Abständen.
Herr,
ich preise deine Schöpfung, sie ist so wunderbar.
Wieso erhält ein Mensch das Recht,
sie unter schweren Asphalt zu begraben?
Kultivieren wird dies nun genannt –
ein Haus neben dem anderen.
Bäume, Wälder müssen dafür weichen.
Ich gehe hier durch Straßen,
denke, was ich machen kann.
Fragen wird mich niemand –
Rücksicht auf einen Menschen nehmen –
ha, wenn man nicht einmal
auf Gottes Stimme hört.
Herr,
ich kann da wenig machen.
Aber ich kann dein Wort kundtun,
Menschen öffnen für dein Wort, für deine Liebe.
Im kleinen Kreis, da lass' mich wirken und große Dinge auch
bewirken. Amen.

Sinnend

Grübelnd, sinnend nach dem Verborgensten,
suchend nach dem großen Ziel.
Erblüht ist nun ein junger Spross,
er regt sich gleich nach Leben.
Die Zeit eilt unaufhaltbar fort und fort.
Sinnend nach Sinn.
Drei wichtige Worte werden allzu aktuell.
Denn kurz bevor die Blüte ihre Krone schließt,
muss er spätestens vor Augen stehen.
So hoffe ich
und bete zu Gott.

Wirrwarr

Finstere Blicke, trüber Hohn.
Ach, was weiß ich, was ich schreibe.
Worte, Sätze,
Wirrwarr ohne Grenzen.
Fragmente drängen sich herum,
verhindern Klares bereits im Keim.
Was geht darin nur vonstatten?
Ärger, Groll und auch Schmerz –
Enttäuschung, Zweifel reihen sich zugleich ein.
Fragen stehen offen, wollen Absichten verstehen.
Warum, wer weiß, wann Antworten sich finden.
Enttäuscht, verletzt.
Muss das sein?

Krank

Den Schlund hinauf, schiebt sich ein Druck.
Ein Ball steckend fest in einer
nicht gewollten Bahn.
Sich schälend fort und fort,
lässt Einiges erahnen.
Gehe zurück, löse dich auf, so wie du entstanden.
Gibt er solchen Instruktionen nach?
Er nimmt sich, was er kann.
Bald belagern seine Helfer Bahn und Strecke,
setzen sich als Posten fest.
Augen werden schwer,
der Kopf gibt seine Haltung auf.
In schlaffen Gliedern räkelt sich die Fröste,
zieht sich durch, nimmt Wohlbefinden.
Äußere Wärme hilft mir bald, wenn auch
nicht immer,
Ersehntes schnell herbeizuholen.
Lieder klappen nieder, Husten drückt sich
krampfend aus dem Körper heraus.
Warmer Tee fließt rettend nieder,
muntert auf zum ersehnten Schlaf.

Abendstimmung

Von leichtem Wind getrieben,
schlagen kleine, zahlreiche Wellen gegen den Strand,
der zunehmend an Land gewinnt und von der Ebbe vertrieben,
wird das Wasser in die Ferne verbannt.

Die letzten hellen Strahlen der Sonne spielen
auf dem vom Himmel blau gefärbten Element.
Sie lässt sich nieder – vom Abend vertrieben,
an des Horizonts Grenze bald von mir getrennt.

Ihre Kraft verliert sie
und den Wald an ihrer Seite lässt sie ermatten.
Doch das funkelnde Licht, das sie verlieh,
drängt sich noch nicht ganz in düsteren Schatten.

Den Wolken verleiht sie wunderbare Formen,
die den Himmel mit einem farbenfrohen Band durchziehen.
Nur der Ozean lässt seine Wogen in ein großes Grau verformen,
dennoch möcht' ich von hier jetzt noch nicht fliehen.

Ich sitze auf dem Strand mit ausgestreckten Beinen,
das Umfeld längst in mich gerafft.
Bald wird der Mond mit seinen Sternen scheinen,
bis er verwirkt hat seine Kraft.

Sonnenuntergang

In abendlicher Wonne
versinkt am Horizont die Sonne.
Lässt den Himmel farbig wundervoll erscheinen,
als wäre es zum letzten Mal, könnte man meinen.

Doch meist nach schneller Kürze,
denn bekanntlich liegt da auch die Würze,
ermattet bald darauf das Farbenspiel
und es folgt die Dunkelheit als nächtliches Ziel.

So, nun gilt's den Mund zu schließen,
vorbei die Zeit, die's hieß zu genießen.
Romantik sagt für heut' Ade,
dunkel spiegelt's wider am verwaisten See.

10 nach 11

Und schon zählt die Digitaluhr weiter,
unaufhörlich Minute für Minute.
Nachts, der Tag legt sich bald zur Ruhe,
befiehlt meinen Augen, sie zu schließen.
Mein Geist lechzt nach Ruhe.
Gefühle, Erlebtes
wird in die Weite geschickt,
sich zu tummeln, sich zu finden
und zurückzukehren,
bereit zu sein
für einen neuen Tag.

Die Stütze

Oft steht man einsam
Anforderungen gegenüber,
fühlt sich der Belastung nicht gewachsen.
Doch warum,
allein musst du nicht sein.
Verschließ' dich nicht,
nimm freudig Hilfe an,
die ganz unversehens dich stützt.
Denn für sie bist du der Pfeiler
und gibst Halt,
ohne dass du es weißt.

Zeichen von Leben

Blau – wie frisches Wasser,
grün – wie hohes Gras
und gelb – wie strahlende Blüten.

Zeichen von Leben –

so unterschiedlich in ihrem Wesen
und trotzdem verbindet sie

das Leben.

Nachtromantik

In der Stille strahlen Sterne
am dunklen Himmel allzu ferne.
Lieblich schaut der Mond mich an,
obwohl er mich kaum sehen kann.

Überall hört man es rillen;
sind versteckt die kleinen Grillen.
Würde so gern nach draußen gehen,
um hautnah alles selbst zu sehen.

Romantik möchte ich grenzenlos verspüren,
meine Gefühle sollen mich entführen,
in eine Traumwelt, sei es nur für eine Nacht.
Doch, was habe ich nicht bedacht?
Sind da diese lästigen Mücken,
deren juckend Stiche nicht entzücken?

Da bleibe ich nachts lieber zu Haus',
gehe ins Bett und mach' das Licht bald aus.
Bedenke, Romantik fängt im Kleinen an,
meist wenn man es kaum merken kann.

Gedanken

Einfach einmal faul sein,
die Beine übereinanderschlagen
und genussvoll in die Weite schauen.
Diese Augenblicke intensiv erleben,
komplett abschalten, nur ruhen.

Die Beine ausstrecken, den Kopf zur Seite drehen
und sanft die Augen schließen;
einfach einmal leben.

Warum nur macht man dies nicht öfters,
rast und irrt ständig umher?
Man sollte nie vergessen,
was wirklich wichtig ist.

Wahre Romantik

Draußen in einer kühlen Nacht,
habe ich mich selbst ins Dunkel gebracht.
Wandere durch feuchte Wiesen,
um Momente hier zu genießen.

Ich raste an des Weihers Uferrand
und starre hemmungslos entspannt,
gegen das endlos umspannende Himmelszelt,
von dort Milliarden Lichter grüßen diese Welt.

Im See spiegeln sich von dieser Ferne,
einzeln und verhalten manch glitzernde Sterne.
Die Zeit scheint gerade still zu stehen,
solche Momente dürften niemals vergehen.

Vorüber zieht ein flatternder Wind,
währenddessen vor mir ganz geschwind,
eine Sternschnuppe sich in voller Pracht,
nach kurzem Fall verliert in der schönen Nacht.

Zu beschreiben sind diese Bilder schwer,
trag' sie in meinem Herzen umso mehr.
Kann mehr was nach Romantik klingen,
wenn Grillen dir dazu auch noch Lieder singen?

Ferien

Den müßigen Alltag hinter sich lassen
und die alten Sorgen vergessen.
Wieder neue Gedanken fassen,
um sich mit anderen Werten zu messen.

Die Umwelt mit klaren Augen sehen
und die restlichen Tage gründlich verleben,
hoffend, dass sie nicht zu schnell vorübergehen,
um sich erst spät in den Alltag zu begeben.

Der Gitarrenspieler

In einem Dorf zu Dießen,
das gelegen an des Waldes Dichte,
lebte ein Bursche von jungen Jahren,
der den Eltern zu Hause nur Kummer machte.
Nicht das Handwerk wollte er erlernen,
auch des Vaters Hof nicht erben;
so sollt' er nach seinem Alten schmählich verderben.
Doch der Musik war er sehr angetan,
was seine Eltern gar nicht sahen.

Doch als große Krankheit kam ins Land,
die nicht verschonte Frau und Kind
und er so die Eltern auch im Tode fand,
floh er schnell darauf geschwind,
um dem Verderben zu entfliehen,
durch das Land neugierig zu ziehen
und auf eine Herrschaft abzuzielen,
die verstehe ihm zu erlernen,
das Gitarrenspiel, um mehr davon zu schwärmen.

Da gelangte er in eine große Stadt,
in der er einen Gaukler fand.
Der hat ihn gleich in seine Lehr' gebracht.
Oh, wie er die Künste an ihm zu lehren verstand!
So zog der Bursche mit ihm durchs Land
und er lernte, bis die Sonne nieder stand,
von seinem Lehrer spielen und allerhand,
was zum Gaukelhandwerk gehört;
von nichts und niemand war er dabei gestört.

Die Jahre vergingen
und der Junge wurde erwachsen.
Er begleitete sich beim Singen,
wurde getragen durch des Gauklers freudiges Lachen.
So entließ nach versprochener Arbeit sein Lehrer ihn
und sandte ihn zu Städten hin,
wo er spielen konnte nach seinem Sinn.
So versuchte er es am adligen Hofe,
um vorzuspielen des Kindes Zofe.

Da bekam er die Erlaubnis erteilt,
nicht nur dem Kind zu spielen,
sondern auch vor des Königs Throne bald,
um musikalisch köstlich zu dienen.
Doch das Gehorchen konnte er nicht lang ertragen,
deshalb beschloss er den König zu fragen,
ob er ihn ziehen ließe mit seinem Wagen.
Mit Wehmut ließ der König den Wunsch gestatten,
obwohl die Musik nun stünde unter großem Schatten.

Dennoch zog der Gitarrenspieler hinaus,
bis zu einem Stückchen Land an einer Lichtung,
um dort zu bleiben in einem Haus,
das er gebaut in einsamer Umgebung.
Nun lebte er allein ohne diese Zwänge,
war befreit jeglicher erlebter Bänge,
zu missfallen gar dem höfischen Gemenge.
Nun spielte er nach Lust und Belieben
und konnte sein Leben so richtig lieben.

Wort für Wort und Satz für Satz

Setze reimend in die Zeilen,
Wort für Wort und Satz für Satz.
Vorhin war ich hungrig,
doch nun, da bin ich satt.

Still liegt der Stift in meiner Hand,
aber bald schon schreibt er nieder,
Wort für Wort und Satz für Satz.
Schwer sind meine Augenlider.

Wort für Wort und Satz für Satz –
es muss nicht immer reimend sein.
Bestimmt auch nicht in später Nacht,
schon wenn die Hand Erholung braucht.

Genug der Zeilen für heute,
liege weich im warmen Bett
und denke, während meine Zehen spielen,
weiter Wort für Wort und Satz für Satz.

Auf der Suche nach Leben

Frei und seiner selbst sein,
seine Träume verwirklichen
und leben nach eigener Vorstellung.
Alle streben danach, doch die Wirklichkeit
sieht meist ganz anders aus.
Aber soll man aus seiner Lage flüchten
und abtauchen in eine halogene Welt,
wenn man den Mut verliert?
Die Suche nach einem Weg
beginnt in der realen Welt.
Vielleicht nicht mit Hochgefühl und Euphorie;
wahrscheinlich eher nüchtern,
dafür aber ohne Absturz.
Der Weg zum Leben ist zu finden.
Du musst nur mit klaren Augen sehen.

Nahtstellen

Wir sind wie zwei Nahtstellen,
die darauf warten,
vernäht zu werden.

Ich jedenfalls denke so.
Und du?

Schlüsselsuche

Meine Uhr erinnert mich noch einmal –
ein Uhr nachts.
Ruhige Stille erfüllt den Raum;
halogen strahlt's nieder aufs Papier.
Zeit vergeht und doch nichts geht.
Passiv und aktiv.
Ich lasse es an mir vorbei,
schaue tatenlos zu, anstatt aufzustehen.
Entgegengehen – mitgehen.
Es geht vorbei;
mir geht Manches vorbei.
Gehe ich an mir selbst vorbei?
Den Stift in der Hand,
die Augen gerichtet auf geschriebene Zeilen.
Die Hände aus den Taschen hervorgeholt.
Augen, die den Augenblick erblicken,
Mut, der in mir steckt,
der ausbrechen möchte,
dem die Pforten geöffnet werden sollen.
Wo nur ist der Schlüssel?

Im Herbst

Das Laub ist von den Bäumen herabgefallen
und bedeckt die weite, grüne Flur.
Herabgesunken von hohen Kronen war nicht Blattwerk nur;
auch Frohsinn scheint den Leuten von den Köpfen zu fallen.

Steif erstarrt die Miene dessen,
der dem Sturm entgegengeht
und mit aufgestelltem Kragen Missmut sät;
nicht versteht die Botschaft überhaupt zu messen.

Verbittert lässt er seine Umwelt spüren,
dass aus seinem Herz die Sonne weicht,
die vergangene Wärme ihm zum Leben nicht mehr reicht;
du kannst ihn nicht aus seinem Gedankental entführen.

Entlock' ich dem Wetter jeden Reiz,
in stiller Umgebung zu spazieren,
durch die Nebelbänke zu marschieren,
um bald Licht im Haus zu sehen – trotz der Sonne Geiz.

Auch wenn das Umfeld arg an Farbvielfalt verliert,
kann das meine Gefühle nicht schwächen,
nie könnte ich mich dafür an ihm rächen.
So freue ich mich, was der Herbst nun Neues offeriert.

Wie ein Bahnhof

mit vielen Gleisen und unzähligen Weichen
und irgendwo ein Halt.
Ein Ein- und Aussteigen,
ein Kommen und Gehen,
ein Halten und Fahren;
ein Bahnhof zeigt den Halt.
Zeigt er auch die Weichen?
Folgt jeder Weiche so ein Halt
oder bin ich nur Statist in meinem Zug?
Gelotst durch Weichenlichter;
sollte ich nicht selbst lotsen?
Wie ein Bahnhof –
dort kehrt Ruhe ein,
die Ruhe nach der Hast.
Danach geht es fort,
auf vorher festgelegten Wegen?
Wer weiß,
wichtig ist, ich komme an;
gelange dorthin,
wohin ich meine, gelangen zu müssen.

Ich wünscht' …

Ich wünscht', ich hätt' ein komisches Talent;
wenn ich beim Grübeln nur eines fänd.
Hm, da hilft mir auch kein Stirnerunzeln,
wenn nach den Pointen nur wenige im Raume schmunzeln.

Ängstlich schau ich in verschlitzt vergrämte Augen,
lassen mich erahnen, dass sie nicht taugen;
meine wohlsortierten, vermeintlich wunderbaren Scherzpräsente,
gereichen meinem Publikum zu einer mäßig kargen Ernte.

Oh, kann es sein, dass ich nen Pfiff vernahm,
der von vorne links da aus der Ecke kam?
Nun bin ich am Zug und werde kontern,
auf unerhört originelle Weise einen Witz absondern,
der leider allem Anschein nach,
nur mir ein lachendes Gesicht versprach,
das wiederum nach erschreckend kurzer Weile,
versteinert – kognitiv nach Lachern jagt in Windeseile.

Was hab ich mir nur angetan?
Entschwunden in die Ferne mein abgesunkener Elan.

Neulich saß ich bühnenmittig mit einem Saiteninstrument,
doch dass pausenvorzeitig mancher schon von dannen rennt,
konnt' ich selber dann verstehen,
als auch ich die Aufzeichnung gesehen.

Wirklich, was ich da gesungen,
hat grässlich gar geklungen.
Kann es immer noch nicht fasser.
Hätt' mir als Gast das Eintrittsgeld auszahlen lassen.

Tja, ich wünscht', ich hätt' ein komisches Talent.
Meines ist wert, ich glaube wohl keinen Cent.
Immer fort träum' ich in Gedanken,
wie komisch mich Millionen fanden,
nachdem ich samstags zur allerbesten Sendezeit,
deren Gemüt dem Frohsinn hätt' gefreit.

So ließe es sich weiterträumen,
doch sollte ich es nicht versäumen,
nach einem wirklichen Talent zu graben,
denn ein jeder ist beschenkt mit vielen Gaben.

Ich begeb' mich jetzt auf Suche;
hinterher ziehe ich dann los und buche,
ein Konzert mit einem wahren Humoristen,
zu surfen auf prallbedeckten Schmunzelpisten.

Zu einem, der sein Talent wohl hat gefunden
und zudem Millionen fest an sich gebunden.

Und das zur allerbesten Sendezeit …

Herbst

Vögel singen in den Wäldern,
du siehst der Bäume letzte Pracht.
Die Sonne gibt all ihre Kraft,
dich zu suchen, dich zu finden;
gibt dir Wärme, gibt dir Mut,
denn der Sommer ist vorüber,
doch im Herzen halte ihn.

Allerheiligen

Wind, Sturm und ein bisschen Regen.
Bäume stehen kahl in dieser Ruhe.
Die Dunkelheit ist schon hereingebrochen.
Im Dunkel ragen hervor raue Äste.
Die Stille bricht allein der Wind –
raschelnd, ziehend über das Gelände.
Von weitem oder auch nur ganz vereinzelt,
färben Lichter hell und rot das Grabgestein,
erhellen Bäume, zugleich Sträucher.
In Ruhe und Gedanken – von welcher Art?
Ich weiß es nicht.
Du gehst auf diesen schmalen Wegen
mit Wind und Regen,
von Zeit zu Zeit ganz schmal erhellt.
Deine Stimmung ist sonderbar,
man mag oder kann es nicht beschreiben.
Du denkst an manche Sachen,
lässt die andere Stimmung auf dich wirken –
eigentlich wirklich sonderbar –
denkst du,
während du durch das Tor raus gehst.

Liebe, dein Lächeln

Dein Lächeln verzaubert mich.
Nichts ist so schön.
Du schaust mich an –
ich blicke in das wunderbare Blau
deiner Augen.
Manchmal musst du gar nichts sagen,
da schaue ich dich nur an
und bin so glücklich.

Das Kaminfeuer

Facettenreich drängt sein warmes Licht
in den erstarrten Raum.
Es winkt seinen Gönner zu sich
und heißt ihn, sich daniedersetzen.
Blicke fallen auf unruhiges Verzehren.
Doch die rot – orangefarbenen Flammen treiben
zu Ende ihr natürlich Spiel.
Eingesperrt und an den bestimmten Halt gebunden;
surrend, knisternd hat es sich daran gewöhnt.
Zerstören will es hier nicht –
ganz in paradoxer Weise,
aber lächeln, Freude spenden.
Facettenreich im erstarrten Raum,
herzlich geben Wärme und Geborgenheit.

Im Advent

Kühl umbläst mich ein rauer Wind,
ein Bote des Winters.
Die Tage erheben sich in voller Kürze,
kein Zweifel, es ist Advent.
Die Zeit der Ankunft wird erwartet.
Vielleicht noch etwas mehr?
In vielen Seelen kreisen unsägliche Gedanken.
Ordnen möchte man sie noch,
um dann auch wirklich zu feiern.
Fang heute an,
es ist ein guter Tag dazu.

Das Feuer

Am schwarzen Himmelszelt
glühen zahlreiche Sterne.
Dunkel rauschen Wellen gegen Land.
Zur Stelle ist kein Mond,
der erhellt die finsteren Schatten.
Drum in einem Rund,
gedeiht ein kleines Feuer,
erwärmt die
nach Romantik suchenden Gemüter.
Es erfüllt so manchen Wunsch,
gibt Glück und Frieden
und eine traute Runde.

Winterabend

Wunderbar ist's anzuschauen,
kühl und hell,
aber irgendwie auch voll von Wärme.
Flockentanz in all den Gassen,
knisternd tritt sich's fest am Boden.
Spuren führen hier und dort
von Sinnenden herbei.
Ein schöner Zauber liegt
auf diesen ruhigen Straßen.
Wie wohl es einem davon wird,
heimisch ist man still beglückt
und stapft die eigene Spur nach Haus'.

Nikolaus

Als Nikolaus gehe ich durch die Straßen;
komm' zu manch bewohntem Haus,
aus dem warme Gastlichkeit auf mich strömt.
Große Kinderaugen schauen mich an,
sehen einen vermeintlich alten, hohen Herren.
Kann in diese funkelnden Augen sehen,
würde gerne wissen,
was für Gedanken durch diese
kleinen Köpfchen gehen.
Verbreite Freude –
das wirft ein gutes Gefühl zurück.
Belohne Kinder mit meiner Geschichte,
schaue in mein goldenes Buch,
um sie möglichst zu loben
und anschließend zu beschenken.
So schüttle ich zum Abschied noch eine kleine Hand
und weiß,
dass jemand glücklich ist.

Schnee

Weiß gekleidet
hat er alles erhellt.
Aufmerksam
will ich ihm entgegengehen –
ihm bei seinem
Märchentanz zusehen.
Doch spottend
hat er mich dunkel in die Straßen gestellt.

Advent

Sie bricht herein die stille Zeit,
die einen jeden so betört.
Auf den Straßen, in den Häusern,
überall kann man es fühlen;
etwas Besonderes liegt in der Luft.
Jeder Atemzug zieht es hinein,
in die entleerten Körperglieder,
lass es einfach sein.
Ein Gefühl macht es ganz rege;
zu beschreiben, das liegt fern,
gib dich ihm doch einfach hin.
Eine Zeit voll ruhiger Freude
und Erwartung schließt sich an,
nach einem großen Fest;
da kann bald nur Weihnacht' sein.

Heilig' Abend

Kein Tag gleicht dem anderen,
vor allem dieser nicht.

Kaum aufgestanden in dunkler Frühe,
umgibt sein Band mit wohligen Gefühlen,
einen jeden, der da ist erwacht.

Es ist so wunderbar zu spüren,
Friede, Freude kehrt nun ein.
Ganz sonderbar wird dir zu Mute.

Du gehst entspannt dem Tag entgegen
und doch gespannt, was mag er bergen.
Ein Gefühl von wiederkehrender Jährlichkeit.

Diese Stimmung kann ein Tag nur bringen,
ein Fest der ganz besonderen Art –
die Geburt unseres Erlösers,
der uns Weihnachten gebar.

Weihnachten

Trubel, Hektik, Geschenkewahn
und Parkplatzsuche.
Gestresste Gesichter
irren überall umher.
Stoßen – Drängen,
jeder will der erste sein –
hat man auch wirklich nichts vergessen?

Andere –
halten sich davon fern.
Einen Freund besuchen –
Blumen sprechen Bände.
Spazierengehen, dort wo man sich findet.
Glücklich sein
und Freude weitergeben.
Menschen lieben, zusammen sein –
das kann wahrlich Weihnachten sein.

Das Ziel

Geboren in eine fremde Welt,
sein und Sinn sind nicht bereitgestellt.
Lange ist der Weg,
den du dir wohl sorglich hegen magst.

Ein Ziel sollte vor Augen schweben,
ein Leben lang sollst du daran weben,
dass nicht sinnlos es vergeht,
und in allem Tun ein Sinn besteht.

Die Nacht

Oh, du stürmende Nacht,
hast deinen Schleier gelegt,
auf die trist – triefende Gegend.
Licht und Leben sind dir fern,
denn du liebst ein dunkles Spiel.
In dieses weihst du nur ein,
was sich deiner fügt.
Treib' es dir zum Spaße,
doch sei gewillt, lass' mich beiseite
von der toten Welt, die du regierst.
Lass' das Schauspiel dir gefallen;
doch ich habe mir den Tag erwählt,
um in meiner Rolle zu agieren.
Und so soll ein jeder selbst entscheiden,
welche Seite ihm gut steht.

Danke

für das,
was du mir gabst und gibst.

Danke

für deinen Beistand,
den du mir immer gewährst.

Danke

einfach nur danke.

Gedanken und Gedichte

erlebt und – nach Rückkehr der fortgeschickten Gedanken –
aufgeschrieben von Wolfgang M. Ullmann

INHALTSVERZEICHNIS:

Ein weiterer Titel von Wolfgang M. Ullmann:

Im Prinzip zufrieden
Auf dem Weg zu einem erfüllten Leben

Erschienen im Verlag Books on Demand GmbH, Norderstedt
ISBN 978-3-8448-1386-9

Über das Buch:
Im Prinzip zufrieden zu sein und das dauerhaft, entfaltet eine ungeahnte Lebensqualität. Das gilt gleichermaßen für Beruf und Privatleben. An der persönlichen Zufriedenheit kann man arbeiten und es ist möglich, sie auch wirklich dauerhaft zu erreichen. Der Autor zeigt in diesem Buch anhand einer virtuellen Reise auf, welche Schritte bis zum gewünschten Ziel gegangen werden können. Die Freude an der persönlichen Entdeckung der eigenen Person steht hierbei im Vordergrund und im Fokus des Interesses. Zufriedenheit enthält die Fähigkeit, die eigene Person anzunehmen, sich und sein Umfeld zu akzeptieren und dauerhaft ein sinnerfülltes und für sich selbst attraktives Leben zu führen.